BROT
BACKEN

Die besten Rezepte für
den Brotbackautomaten

LINDA DOESER

p

Entwurf und Realisation: The Bridgewater Book Company Ltd.
Fotos: Calvey Taylor-Haw
Fachberatung: Michaela Jester

Parragon
Queen Street House
4 Queen Street
Bath BA1 1HE, UK

Übersetzung aus dem Englischen: Lisa Heilig, Köln
Satz und Redaktion: trans texas Publishing Services GmbH, Köln

ISBN: 1-40544-217-4

Printed in China

Hinweis

- Sind Zutaten in Löffelmengen angegeben, ist immer ein gestrichener Löffel gemeint. Ein Teelöffel entspricht 5 ml, ein Esslöffel 15 ml.
- Bei Eiern und einzelnen Gemüsesorten, z. B. Kartoffeln, verwenden Sie mittelgroße Exemplare.
- Sofern nichts anderes angegeben ist, wird Vollmilch (3,5 % Fett) verwendet.

INHALT

EINLEITUNG **4**

EINFACHE BROTE **6**

VOLLWERTBROTE **28**

FRÜCHTE- UND NUSSBROTE **44**

PIZZA UND MEDITERRANE BROTE **64**

SÜSSES GEBÄCK **80**

REGISTER **96**

EINLEITUNG

Der Duft von frisch gebackenem Brot ist einfach unwiderstehlich, und mit einem Brotbackautomaten können Sie Brot auch selbst backen. Wenn Ihr Automat sogar über eine Zeitschaltuhr verfügt, können Sie sich und Ihre Lieben jeden Morgen mit frisch gebackenen Köstlichkeiten verwöhnen.

Die Rezepte im Buch sind für jeden Geschmack und jede Gelegenheit. Sie finden einfache Brote – vom herrlichen Krustenweißbrot bis zum saftigen Früchtebrot –, für die Sie nur wenige Zutaten in den Backautomaten geben und den Startknopf drücken müssen. Für aufwändigere Backwaren lassen Sie den Teig zunächst vom Automaten kneten und formen diesen dann zu Baguettes, Brötchen, Hefezöpfen usw. Ihren vielseitigen Brotbackautomaten können Sie auch zur Herstellung von lockerem Pizzateig und köstlichem Hefekuchenteig verwenden.

ÜBER BROTBACKAUTOMATEN

Handelsübliche Brotbackautomaten sind recht einfach in der Bedienung, dennoch sollte sorgsam mit ihnen umgegangen werden. Dabei beachten Sie bitte Folgendes:

Der Knethaken sollte immer fest sitzen. Schließen Sie den Automaten erst kurz vor dem Start an den Strom an.

Nehmen Sie zum Befüllen die Backform stets aus dem Automaten heraus, um Verunreinigungen im Innern zu vermeiden.

Geben Sie die Zutaten in der Reihenfolge der Liste in die Backform. Die Zutaten sollten möglichst exakt abgemessen werden.

Zutaten wie Eier sollten Zimmertemperatur haben. Wasser oder Milch sollten handwarm (nicht heiß!) sein, so wird die Triebkraft der Hefe aktiviert.

Öffnen Sie den Brotbackautomaten beim Betrieb nur, um weitere Zutaten hinzuzufügen, ansonsten sinkt die Temperatur, und die Teigqualität wird beeinträchtigt.

Nehmen Sie die sehr heiße Brotform nach dem Backen stets mit Topflappen aus dem Automaten.

Der Brotbackautomat muss auf einer ebenen Fläche, außerhalb der Reichweite von Kindern, stehen.

Wählen Sie kein Backprogramm mit Zeitschaltuhr, wenn das Rezept leicht verderbliche Lebensmittel wie Eier, Joghurt oder Buttermilch enthält.

Die Rezepte in diesem Buch wurden in einem Automaten mittlerer Größe getestet, sie gelingen aber auch alle in einem großen und die meisten auch in einem kleinen Gerät. Beachten Sie dabei die vom Hersteller angegebenen Kapazitätsgrenzen.

Zum Aufgehen und Backen von geformten Broten außerhalb des Brotbackautomaten folgen Sie den Rezeptanweisungen. Der Teig sollte abgedeckt an einem warmen Ort ohne Zugluft aufgehen. An einem kalten Ort braucht er mehr Zeit zum Aufgehen als an einem warmen. Heizen Sie den Backofen immer rechtzeitig vor.

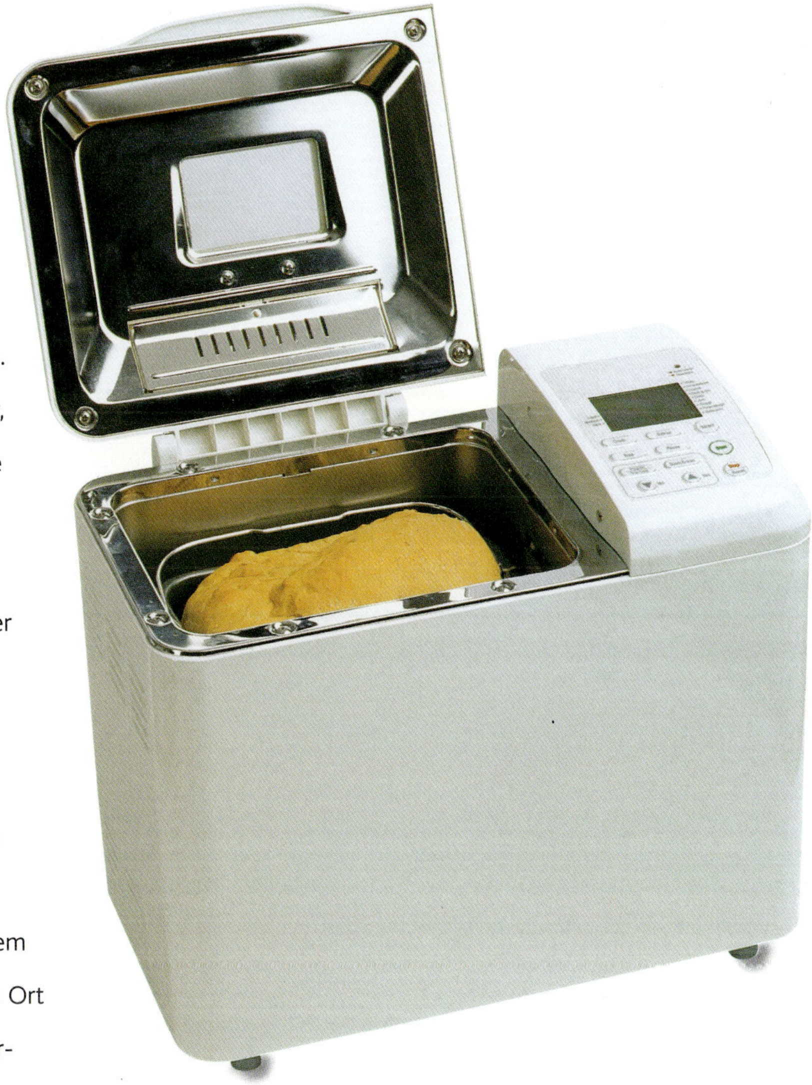

Der Knethaken sollte immer fest in der Brotform verankert werden.

Die Zutaten in der im Rezept aufgeführten Reihenfolge in die Brotform geben.

Die Brotform sollte vor dem Kneten vorschriftsgemäß im Automaten sitzen.

EINFACHE BROTE

Auf den folgenden Seiten finden Sie Rezepte für einfache, schnell zubereitete Brote. Für die allereinfachsten werden nur wenige Zutaten in den Brotbackautomaten gegeben, um im Handumdrehen ein köstliches Brot herausnehmen zu können. Mit ein paar Zutaten mehr lassen sich herrliche Brote wie gesundes Erntebrot oder geschmackvolles Maisbrot zubereiten. Aber auch beim Zubereiten von Brötchen, Knabberstangen oder Spezialitäten wie Pita-Brot, Baguette oder Brioche ist der Brotbackautomat ein nützlicher Helfer. Den perfekt gekneteten und aufgegangenen Teig müssen Sie nur noch in die rechte Form bringen und im Ofen goldbraun und knusprig backen.

KRUSTENWEISSBROT

ZUTATEN
1 Ei
1 Eigelb
handwarmes Wasser
500 g Weizenmehl Type 550
1½ TL Salz
2 TL Zucker
25 g weiche oder gewürfelte Butter
1 TL Trockenbackhefe

1 Ei und Eigelb in einem Messbecher leicht verquirlen. Mit handwarmem Wasser auf 300 ml auffüllen, verrühren und in die Brotform gießen.

2 Das Mehl gleichmäßig darauf verteilen. Salz, Zucker und Butter in jeweils eine Ecke der Brotform geben. Mit dem Finger eine kleine Vertiefung in das Mehl drücken, ohne die Flüssigkeit freizulegen, und die Hefe hineingeben.

3 Den Deckel schließen. Das Programm „Normal", mittlere Bräunung, wählen und den Backautomaten starten.

4 Wenn das Programm beendet ist, den Backautomaten ausschalten. Die Brotform herausnehmen, das fertige Brot auf ein Kuchengitter stürzen und vollständig auskühlen lassen.

MILCHBROT

ZUTATEN

200 ml handwarme Vollmilch oder fettarme Milch
100 ml handwarmes Wasser
450 g Weizenmehl Type 550
1½ TL Salz
2 TL Zucker
25 g weiche oder gewürfelte Butter
1 TL Trockenbackhefe

1 Milch und Wasser in die Brotform gießen.

2 Das Mehl gleichmäßig darauf verteilen. Salz, Zucker und Butter in jeweils eine Ecke der Brotform geben. Mit dem Finger eine kleine Vertiefung in das Mehl drücken, ohne die Flüssigkeit freizulegen, und die Hefe hineingeben.

3 Den Deckel des Automaten schließen. Das Programm „Normal", mittlere Bräunung, wählen und den Brotbackautomaten starten.

4 Wenn das Programm beendet ist, den Brotbackautomaten ausschalten. Die Brotform herausnehmen, das fertige Brot auf ein Kuchengitter stürzen und vollständig auskühlen lassen.

ERNTEBROT

ZUTATEN
175 ml handwarmes Wasser
1½ EL Sonnenblumenöl
225 g Weizenvollkornmehl
1 EL Magermilchpulver
1 TL Salz
2 EL brauner Zucker
1 TL Trockenbackhefe

1 Wasser und Sonnenblumenöl in die Brotform gießen.

2 Das Mehl gleichmäßig darauf verteilen und mit dem Magermilchpulver bestreuen. Salz und Zucker in jeweils eine Ecke der Brotform geben. Mit dem Finger eine kleine Vertiefung in das Mehl drücken, ohne die Flüssigkeit freizulegen, und die Hefe hineingeben.

3 Den Deckel des Automaten schließen. Das Programm „Vollkorn", mittlere Bräunung, wählen und den Brotbackautomaten starten.

4 Wenn das Programm beendet ist, den Brotbackautomaten ausschalten. Die Brotform herausnehmen, das fertige Brot auf ein Kuchengitter stürzen und vollständig auskühlen lassen.

MAISBROT

ZUTATEN
150 ml handwarmes Wasser
5 EL handwarme Milch
1 EL Maiskeimöl
280 g Weizenmehl Type 550
100 g feines Maismehl
1 TL Salz
1½ TL brauner Zucker
1 TL Trockenbackhefe

Glasur
1 EL Wasser
1 EL grobes Maismehl

1 Wasser, Milch und Maiskeimöl in die Brotform gießen.

2 Das Mehl gleichmäßig darauf verteilen und mit dem feinen Maismehl bestreuen. Salz und Zucker in jeweils eine Ecke der Brotform geben. Mit dem Finger eine kleine Vertiefung in das Mehl drücken, ohne die Flüssigkeit freizulegen, und die Hefe hineingeben.

3 Den Deckel des Automaten schließen. Das Programm „Schnell", mittlere Bräunung, wählen und den Brotbackautomaten starten. Etwa 5 Minuten vor der Backphase (etwa 20 Minuten nach dem Starten des Automaten) das Brot mit dem Wasser besprenkeln und mit dem groben Maismehl bestreuen.

4 Wenn das Programm beendet ist, den Brotbackautomaten ausschalten. Die Brotform herausnehmen, das fertige Brot auf ein Kuchengitter stürzen und vollständig auskühlen lassen.

MILCHBRÖTCHEN

ZUTATEN

140 ml handwarmes Wasser
140 ml handwarme Milch
450 g Weizenmehl Type 550, plus etwas mehr zum Bestäuben
1½ TL Salz
2 TL Zucker
1 TL Trockenbackhefe
Sonnenblumenöl, zum Einfetten
Milch, zum Bestreichen

1 Wasser und Milch in die Brotform gießen. Das Mehl gleichmäßig darauf verteilen. Salz und Zucker in jeweils eine Ecke der Brotform geben. Mit dem Finger eine kleine Vertiefung in das Mehl drücken, ohne die Flüssigkeit freizulegen, und die Hefe hineingeben.

2 Den Deckel des Automaten schließen. Das Programm „Teig" wählen und den Brotbackautomaten starten.

3 Wenn das Programm beendet ist, den Brotbackautomaten ausschalten und die Brotform herausnehmen. Den Teig aus der Brotform nehmen, auf einer leicht bemehlten Arbeitsfläche kurz durchkneten und in 10 gleich große Portionen teilen. Auf ein Backblech setzen und mit leicht eingeölter Frischhaltefolie abdecken.

4 Zwei Backbleche leicht mit Öl bestreichen. Die Teigstücke zuerst zu Kugeln formen, dann auf einer leicht bemehlten Arbeitsfläche zu etwa 10 cm langen Ovalen rollen und auf die Backbleche setzen. Mit geölter Frischhaltefolie abdecken. An einem warmen Ort etwa 30 Minuten gehen lassen.

5 Den Backofen auf 200 °C vorheizen. Die Frischhaltefolie entfernen und mit 2 Fingern leicht auf die Teigovale klopfen, damit eventuelle Luftblasen entweichen können. Die Brötchen mit Milch bestreichen und mit etwas Mehl bestäuben. 15–20 Minuten im Backofen goldbraun backen. Etwas abkühlen lassen und servieren.

BAGUETTES

ZUTATEN
325 ml handwarmes Wasser
450 g Weizenmehl Type 550, plus etwas mehr zum Bestäuben
1½ TL Salz
1½ TL Trockenbackhefe
Sonnenblumenöl, zum Einfetten

1 Das Wasser in die Brotform gießen. Das Mehl gleichmäßig darauf verteilen. Das Salz in eine Ecke der Brotform geben. Mit dem Finger eine kleine Vertiefung in das Mehl drücken, ohne die Flüssigkeit freizulegen, und die Hefe hineingeben.

2 Den Deckel des Automaten schließen. Das Programm „Französischer Teig" wählen und den Brotbackautomaten starten. Falls Ihr Brotbackautomat nur über das Backprogramm „Französisches Weißbrot" verfügt, wählen Sie dieses, und nehmen Sie den Teig nach der letzten Aufgehphase aus dem Automaten.

3 Wenn das Programm beendet ist, den Automaten ausschalten und die Brotform herausnehmen. Den Teig aus der Brotform nehmen und auf einer leicht bemehlten Arbeitsfläche kurz durchkneten. In 2 Hälften teilen und zu Kugeln formen. Diese zu Rechtecken von 20 cm × 8 cm ausrollen. Von der Längsseite her das obere Drittel nach unten und das untere Drittel nach oben klappen und zusammendrücken. Dies bei jedem Rechteck zweimal wiederholen. Den Teig nach jedem Falten etwas ruhen lassen.

4 Zwei saubere Tücher mit Mehl bestäuben und von beiden Längsseiten her fast bis zur Mitte aufrollen. Die Teigstücke abwechselnd vorsichtig zu Strängen von rund 30 cm Länge rollen und ziehen und jeweils in die Mitte eines Tuchs setzen. Mit leicht geölter Frischhaltefolie abdecken und an einem warmen Ort 30–40 Minuten gehen lassen.

5 Den Ofen auf 230 °C vorheizen. Ein Backblech leicht mit Öl bestreichen. Die Frischhaltefolie entfernen und die Baguettes von den Tüchern auf die Backbleche rollen. Ausreichend Platz zwischen den beiden Broten lassen. Mit einem scharfen Messer mehrmals schräg einschneiden. Die Baguettes mit Wasser besprenkeln und 15–20 Minuten knusprig backen. Auf einem Kuchengitter vollständig auskühlen lassen.

KNABBERSTANGEN MIT SESAM

ZUTATEN
200 ml handwarmes Wasser
3 EL Olivenöl, plus etwas mehr zum Bestreichen und Einfetten
350 g Weizenmehl Type 550, plus etwas mehr zum Bestäuben
1½ TL Salz
1½ TL Trockenbackhefe
Sesamsaat, zum Bestreuen

1 Wasser und Olivenöl in die Brotform gießen. Das Mehl gleichmäßig darauf verteilen. Das Salz in eine Ecke der Brotform geben. Mit dem Finger eine kleine Vertiefung in das Mehl drücken, ohne die Flüssigkeit freizulegen, und die Hefe hineingeben.

2 Den Deckel des Automaten schließen. Das Programm „Teig" wählen und den Brotbackautomaten starten.

3 Wenn das Programm beendet ist, den Brotbackautomaten ausschalten und die Brotform herausnehmen. Den Teig aus der Brotform nehmen, auf einer leicht bemehlten Arbeitsfläche kurz durchkneten und zu einem 24 cm × 20 cm großen Rechteck ausrollen. Den Teig in drei 8 cm breite Streifen schneiden, diese wiederum quer in jeweils 10 Streifen schneiden.

4 Die Streifen zu etwa 30 cm langen Stangen rollen und ziehen. Zwei Backbleche leicht mit Öl bestreichen. Die Sesamsaat auf einen großen flachen Teller geben, die Stangen darin wenden und mit ausreichend Abstand auf die Backbleche legen. Mit Olivenöl bestreichen, mit Frischhaltefolie abdecken und an einem warmen Ort 15 Minuten gehen lassen.

5 Die Frischhaltefolie entfernen und die Stangen im vorgeheizten Backofen 10 Minuten bei 200 °C backen. Die Stangen wenden und weitere 5–10 Minuten goldbraun backen. Die fertigen Knabberstangen auf einem Kuchengitter auskühlen lassen.

PITA-BROTE

ZUTATEN

- 210 ml handwarmes Wasser
- 1 EL Olivenöl, plus etwas mehr zum Einfetten
- 350 g Weizenmehl Type 550, plus etwas mehr zum Bestäuben
- 1½ TL Salz
- 1 TL Zucker
- 1 TL Trockenbackhefe

1 Wasser und Olivenöl in die Brotform gießen. Das Mehl gleichmäßig darauf verteilen. Salz und Zucker in jeweils eine Ecke der Brotform geben. Mit dem Finger eine kleine Vertiefung in das Mehl drücken, ohne die Flüssigkeit freizulegen, und die Hefe hineingeben.

2 Den Deckel des Automaten schließen. Das Programm „Pizzateig" wählen und den Brotbackautomaten starten. Sollte Ihr Backautomat nicht über dieses Programm verfügen, prüfen Sie in den Herstellerhinweisen, welches alternative Programm für Pizzateig empfohlen wird. Falls es das Programm „Kuchen" ist, schalten Sie den Automaten nach der letzten Aufgehphase aus.

3 Wenn das Programm beendet ist, den Brotbackautomaten ausschalten und die Brotform herausnehmen. Ein Backblech mit Olivenöl einpinseln. Den Teig aus der Brotform nehmen, auf einer bemehlten Arbeitsfläche durchkneten. In 6 gleich große Stücke teilen, jedes zu einer Kugel formen und auf das Backblech setzen. Mit geölter Frischhaltefolie abdecken und 10 Minuten gehen lassen. Inzwischen 2–3 Backbleche in den Ofen schieben und diesen auf 230 °C vorheizen.

4 Die Folie entfernen. Jede Teigkugel etwas platt drücken und zu einem Kreis ausrollen. Leicht mit Mehl bestäuben, mit geölter Frischhaltefolie abdecken und 10 Minuten gehen lassen. Die Folie entfernen und die Teigfladen auf die heißen Backbleche verteilen. 5 Minuten goldbraun backen. Auf einem Kuchengitter auskühlen lassen.

HEFEZOPF MIT MOHN

ZUTATEN

175 ml handwarmes Wasser
2 EL Sonnenblumenöl, plus etwas mehr zum Einfetten
225 g Weizenmehl Type 550, plus etwas mehr zum Bestäuben
2 EL Magermilchpulver
1 TL Salz
1¼ TL Zucker
1 TL Trockenbackhefe
3 EL Mohnsamen

Garnierung
1 Eigelb
1 EL Milch
1 EL Zucker
2 EL Mohnsamen

1 Wasser und Sonnenblumenöl in die Brotform gießen. Das Mehl gleichmäßig darauf verteilen und mit dem Magermilchpulver bestreuen. Salz und Zucker in jeweils eine Ecke der Brotform geben. Mit dem Finger eine kleine Vertiefung in das Mehl drücken, ohne die Flüssigkeit freizulegen, und die Hefe hineingeben.

2 Den Deckel des Automaten schließen. Das Programm „Teig" wählen und den Brotbackautomaten starten. Wenn das Signal für die Zugabe weiterer Zutaten ertönt, oder 5 Minuten vor Ende der Knetphase, den Mohn zugeben.

3 Wenn das Programm beendet ist, den Brotbackautomaten ausschalten und die Brotform herausnehmen. Den Teig aus der Brotform nehmen und auf einer leicht bemehlten Arbeitsfläche 1–2 Minuten durchkneten.

4 Ein Backblech mit Öl bestreichen. Den Teig in 3 gleich große Portionen teilen und zu 25 cm langen Strängen rollen. Die Stränge nebeneinander legen und an einem Ende zusammendrücken. Einen Zopf flechten. Auch die unteren Teigenden zusammendrücken und umschlagen. Den Zopf auf das Backblech setzen, mit leicht geölter Frischhaltefolie abdecken und an einem warmen Ort 30 Minuten gehen lassen.

5 Für die Garnierung Eigelb, Milch und Zucker leicht verquirlen. Die Frischhaltefolie entfernen. Den Hefezopf mit der Milchmischung bestreichen und mit Mohn bestreuen. Im vorgeheizten Backofen 30–35 Minuten bei 200 °C backen, bis er goldbraun ist. Auf einem Kuchengitter auskühlen lassen.

BRIOCHE

ZUTATEN
2 Eier, zimmerwarm
2 EL handwarme Milch
225 g Weizenmehl Type 550, plus etwas mehr zum Bestäuben
½ TL Salz
1 EL Zucker
55 g Butter, zerlassen
1½ TL Trockenbackhefe
Sonnenblumenöl, zum Einfetten

Glasur
1 Eigelb
1 EL Milch oder Wasser

1 Die Eier leicht mit der Milch in einer Schüssel verquirlen und in die Brotform gießen. Das Mehl gleichmäßig darauf verteilen. Salz, Zucker und Butter in jeweils eine Ecke der Brotform geben. Mit dem Finger eine kleine Vertiefung in das Mehl drücken, ohne die Flüssigkeit freizulegen, und die Hefe hineingeben.

2 Den Deckel des Automaten schließen. Das Programm „Teig“ wählen und den Brotbackautomaten starten. Wenn das Programm beendet ist, den Backautomaten ausschalten. Den Teig bei geschlossenem Deckel zusätzliche 30 Minuten gehen lassen.

3 Die Brotform herausnehmen. Den Teig aus der Brotform nehmen und kurz auf einer leicht bemehlten Arbeitsfläche durchkneten. Ein Viertel des Teigs abtrennen und in geölte Frischhaltefolie einschlagen. Eine Briocheform mit Öl bestreichen. Den restlichen Teig zu einer Kugel formen und in die Briocheform geben. Die Oberfläche in der Mitte leicht kreuzförmig einschneiden. Das kleine Teigstück aus der Folie nehmen, erst zu einer Kugel formen, dann zu einer Birnenform ziehen und mit dem schmaleren Ende nach unten auf das eingekerbte Kreuz setzen. Mit leicht geölter Frischhaltefolie abdecken und an einem warmen Ort 1 Stunde gehen lassen.

4 Die Frischhaltefolie entfernen. Für die Glasur das Eigelb mit der Milch oder dem Wasser leicht verquirlen und die Brioche damit bestreichen. Im vorgeheizten Backofen 40–45 Minuten bei 220 °C goldgelb backen. Die fertige Brioche auf einem Kuchengitter auskühlen lassen. Warm oder kalt servieren.

VOLLWERTBROTE

Diese aromatischen Brote sind eine gesunde Ergänzung für Ihren Speiseplan und schmecken zum Frühstück, als Pausensnack oder zum Abendbrot. Mit Kartoffeln, Käse und Joghurt lassen sich vorzügliche und außergewöhnliche Brote zubereiten, z. B. saftiges Hafer-Kartoffel-Brot, herzhaftes Vier-Käse-Brot oder feines Vollkornbrot mit Joghurt. Naan-Brot mit Knoblauch und Koriander ist eine raffinierte Beilage zu asiatischen Currygerichten, aber ebenso eine gesunde Alternative zu belegten Brötchen oder Brotscheiben.

HAFER-KARTOFFEL-BROT

ZUTATEN

225 g geschälte mehlig kochende Kartoffeln
210 ml handwarmes Wasser
500 g Weizenmehl Type 550
3 EL Haferflocken
2 EL Magermilchpulver
1½ TL Salz
1½ EL brauner Zucker
40 g weiche oder gewürfelte Butter
1½ TL Trockenbackhefe

Glasur

1 EL Wasser
1 EL Haferflocken

1 Die Kartoffeln in einem Topf mit Wasser 20–25 Minuten gar kochen, abtropfen und zu Püree zerstampfen. Auskühlen lassen.

2 Das Wasser in die Brotform gießen. Das Mehl gleichmäßig darauf verteilen. Mit Haferflocken und Magermilchpulver bestreuen und das Kartoffelpüree hinzufügen. Salz, Zucker und Butter in jeweils eine Ecke der Brotform geben. Mit dem Finger eine kleine Vertiefung in das Mehl drücken, ohne die Flüssigkeit freizulegen, und die Hefe hineingeben.

3 Die Brotform wieder einsetzen und den Deckel schließen. Das Programm „Normal", mittlere Bräunung, wählen und den Brotbackautomaten starten. Etwa 5 Minuten vor Ende der letzten Aufgehphase das Brot mit dem Wasser bestreichen und mit den Haferflocken bestreuen.

4 Wenn das Programm beendet ist, den Brotbackautomaten ausschalten. Die Brotform herausnehmen, das fertige Brot auf ein Kuchengitter stürzen und auskühlen lassen.

HERZHAFTES ROGGENBROT

ZUTATEN
360 ml handwarmes Wasser
2 EL Sonnenblumenöl
2½ EL dunkler Zuckerrübensirup
250 g Weizenmehl Type 550
140 g Roggenmehl Type 997
85 g Weizenvollkornmehl
75 g Semmelbrösel
3 EL Haferkleie
1½ TL Salz
1½ EL Kakaopulver
2 TL ganzer Kümmel
½ TL Trockenbackhefe

1 Das Wasser in die Brotform gießen und Sonnenblumenöl und Zuckerrübensirup hinzufügen.

2 Alle Mehlsorten gleichmäßig darauf verteilen und mit Semmelbröseln und Haferkleie bestreuen. Salz, Kakaopulver und Kümmel in jeweils eine Ecke der Brotform geben. Mit dem Finger eine kleine Vertiefung in das Mehl drücken, ohne die Flüssigkeit freizulegen, und die Hefe hineingeben.

3 Den Deckel des Automaten schließen. Das Programm „Vollkorn", mittlere Bräunung, wählen und den Backautomaten starten.

4 Wenn das Programm beendet ist, den Brotbackautomaten ausschalten. Die Brotform herausnehmen, das fertige Brot auf ein Kuchengitter stürzen und vollständig auskühlen lassen.

VOLLKORNBROT MIT JOGHURT

ZUTATEN

150 ml handwarmes Wasser
125 ml Naturjoghurt, zimmerwarm
1 EL Sonnenblumenöl
1 EL heller oder dunkler Zuckerrübensirup
200 g Weizenmehl Type 550
150 g Weizenvollkornmehl
1 TL Salz
25 g Weizenkleie
¾ TL Trockenbackhefe

1 Das Wasser in die Brotform gießen und Joghurt, Sonnenblumenöl und Zuckerrübensirup hinzufügen.

2 Beide Mehlsorten gleichmäßig darauf verteilen. Salz und Weizenkleie in jeweils eine Ecke der Brotform geben. Mit dem Finger eine kleine Vertiefung in das Mehl drücken, ohne die Flüssigkeit freizulegen, und die Hefe hineingeben.

3 Den Deckel des Automaten schließen. Das Programm „Normal", mittlere Bräunung, wählen und den Brotbackautomaten starten.

4 Wenn das Programm beendet ist, den Brotbackautomaten ausschalten. Die Brotform herausnehmen, das fertige Brot auf ein Kuchengitter stürzen und vollständig auskühlen lassen.

KRÄUTERBROT

ZUTATEN

300 ml handwarmes Wasser
450 g Weizenmehl Type 550, plus etwas mehr zum Bestäuben
1½ TL Salz
1½ TL Zucker
1½ TL Trockenbackhefe
2 EL frisch gehackte Petersilie
2 EL frisch gehackter Schnittlauch
1 EL frisch gehackter Thymian
Sonnenblumenöl, zum Einfetten

Glasur

1 EL Wasser
1 EL Salz

1 Das Wasser in die Brotform gießen. Das Mehl gleichmäßig darauf verteilen. Salz und Zucker in jeweils eine Ecke der Brotform geben. Mit dem Finger eine kleine Vertiefung in das Mehl drücken, ohne die Flüssigkeit freizulegen, und die Hefe hineingeben.

2 Den Deckel des Automaten schließen. Das Programm „Teig" wählen und den Brotbackautomaten starten. Wenn der Signalton für die Zugabe weiterer Zutaten ertönt, oder 5 Minuten vor Ende der Knetphase, die Kräuter zugeben.

3 Wenn das Programm beendet ist, den Backautomaten ausschalten und die Brotform herausnehmen. Zwei Backbleche und die Arbeitsfläche mit Mehl bestäuben. Den Teig aus der Brotform nehmen und kurz durchkneten. Ein Drittel des Teigs abtrennen und ebenso wie das größere Stück zu einer Kugel formen. Die Kugeln auf die Backbleche setzen, mit geölter Frischhaltefolie abdecken und an einem warmen Ort 30 Minuten gehen lassen.

4 Die Folie entfernen. Ein kleines Kreuz in die Mitte der größeren Kugel ritzen. Mit Wasser bestreichen und die kleinere Kugel darauf setzen. Mit geölter Frischhaltefolie abdecken und an einem warmen Ort 10 Minuten gehen lassen.

5 Für die Glasur Wasser und Salz verrühren. Die Frischhaltefolie entfernen. Das Brot mit dem Salzwasser bestreichen, ringsum in regelmäßigen Abständen mit einem Messer einritzen und mit Mehl bestäuben. Das Brot im vorgeheizten Backofen 30–35 Minuten bei 200 °C backen, bis es goldbraun ist und sich hohl anhört, wenn man darauf klopft. Das fertige Brot auf einem Kuchengitter auskühlen lassen.

VIER-KÄSE-BROT

ZUTATEN

185 ml handwarmes Wasser
1 Ei, leicht verquirlt
5 EL Ricotta, glatt gerührt
400 g Weizenmehl Type 550, plus etwas mehr zum Bestäuben
55 g Malzkaffeepulver
1 TL Salz
2 TL Zucker
1½ TL Trockenbackhefe
85 g Dolcelatte, in kleine Würfel geschnitten
85 g Emmentaler, gerieben
3 EL frisch gehackter Schnittlauch
Sonnenblumenöl, zum Einfetten
2 EL frisch geriebener Parmesan

1 Das Wasser in die Brotform gießen und Ei und Ricotta zufügen. Das Mehl gleichmäßig darauf verteilen. Malzkaffeepulver, Salz und Zucker in jeweils eine Ecke der Brotform geben. Mit dem Finger eine kleine Vertiefung in das Mehl drücken, ohne die Flüssigkeit freizulegen, und die Hefe hineingeben.

2 Den Deckel des Automaten schließen. Das Programm „Teig" wählen und den Brotbackautomaten starten. Wenn der Signalton für die Zugabe weiterer Zutaten ertönt, oder 5 Minuten vor Ende der Knetphase, Dolcelatte, Emmentaler und Schnittlauch zugeben.

3 Wenn das Programm beendet ist, den Backautomaten ausschalten und die Brotform herausnehmen. Den Teig aus der Brotform nehmen, kurz durchkneten und zu einem Laib von etwa 20 cm Durchmesser formen. Auf ein leicht geöltes Backblech setzen, mit geölter Frischhaltefolie abdecken und 40–45 Minuten gehen lassen.

4 Die Folie entfernen, den Laib mit dem Parmesan bestreuen und im vorgeheizten Backofen 40–45 Minuten bei 200 °C backen, bis er goldbraun ist. Das fertige Brot auf einem Kuchengitter auskühlen lassen.

WÜRZIGE NAAN-BROTE

ZUTATEN

100 ml handwarmes Wasser
4 EL Naturjoghurt
280 g Weizenmehl Type 550
1 Knoblauchzehe, fein gehackt
1 TL gemahlener Koriander
1 TL Salz
2 TL flüssiger Honig
1 EL Ghee oder Butter, zerlassen, plus etwas mehr zum Bestreichen
1 TL Trockenbackhefe
Sonnenblumenöl, zum Einfetten
1 TL Schwarzkümmel
1 EL gehackter frischer Koriander

1 Das Wasser in die Brotform gießen und den Joghurt hinzufügen. Das Mehl gleichmäßig darauf verteilen und mit Knoblauch und Koriander bestreuen. Salz, Honig und Ghee oder Butter in jeweils eine Ecke der Brotform geben. Mit dem Finger eine kleine Vertiefung in das Mehl drücken, ohne die Flüssigkeit freizulegen, und die Hefe hineingeben.

2 Den Deckel des Automaten schließen. Das Programm „Teig" oder „Pizzateig" wählen und den Backautomaten starten.

3 Wenn das Programm beendet ist, den Brotbackautomaten ausschalten und die Brotform herausnehmen. Drei Backbleche in den Backofen schieben und diesen auf 240 °C vorheizen. Den Teig aus der Brotform nehmen und auf einer leicht bemehlten Arbeitsfläche kurz durchkneten, in 3 gleich große Portionen teilen und zu Kugeln formen. Zwei Kugeln mit geölter Frischhaltefolie abdecken.

4 Die dritte Kugel zu einem etwa 8 mm dicken Oval ausrollen. Mit geölter Frischhaltefolie abdecken und nacheinander die beiden anderen Kugeln ebenso ausrollen.

5 Die Naan-Brote mit Schwarzkümmel und gehacktem Koriander bestreuen und auf die heißen Backbleche setzen. Im Backofen 5 Minuten backen, bis der Teig schön aufgegangen ist. Kurz unter den Backofengrill schieben, mit Ghee oder Butter bestreichen und warm servieren.

SAATENBROT

ZUTATEN

300 ml handwarmes Wasser
1½ EL Sonnenblumenöl
2 TL Zitronensaft
375 g Weizenmehl Type 550
125 g Roggenmehl Type 997
1½ EL Magermilchpulver
1½ TL Salz
1 EL brauner Zucker
1 TL ganzer Kümmel
½ TL Mohnsamen
½ TL Sesamsaat
1 TL Trockenbackhefe

Garnierung
1 Eiweiß
1 EL Wasser
1 EL Sonnenblumen- oder Kürbiskerne

1 Das Wasser in die Brotform gießen. Sonnenblumenöl und Zitronensaft zufügen. Beide Mehlsorten gleichmäßig darauf verteilen und mit Magermilchpulver bestreuen. Salz, Zucker und Saaten in jeweils eine Ecke der Brotform geben. Mit dem Finger eine kleine Vertiefung in das Mehl drücken, ohne die Flüssigkeit freizulegen, und die Hefe hineingeben.

2 Den Deckel des Automaten schließen. Das Programm „Normal", mittlere Bräunung, wählen und den Brotbackautomaten starten.

3 Für die Garnierung Eiweiß und Wasser leicht verquirlen und den Teig direkt vor der Backphase damit bestreichen. Die Sonnenblumen- oder Kürbiskerne darauf streuen und leicht andrücken.

4 Wenn das Programm beendet ist, den Brotbackautomaten ausschalten und die Brotform herausnehmen. Das fertige Brot auf ein Kuchengitter stürzen und vollständig auskühlen lassen.

FRÜCHTE- UND NUSSBROTE

Früchte und Nüsse verleihen Broten ein wundervolles Aroma und einen ganz besonderen Biss. In den Rezepten dieses Kapitels werden getrocknete und frische Früchte sowie köstlich knackige Nüsse verwendet, um Brote und Kuchen zu verfeinern. Früchte- und Nussbrote schmecken zu jeder Tageszeit und zu jedem Anlass. Wie wäre es also mit einem herrlichen Orangenbrot oder Zimt-Aprikosen-Schnecken, mit einem Walnuss-Apfel-Streusel oder einem würzigen Malz-Früchtebrot?

APRIKOSEN-MÜSLI-BROT

ZUTATEN

250 ml handwarmes Wasser
2 EL Sonnenblumenöl, plus etwas mehr zum Einfetten
1 EL flüssiger Honig
300 g Weizenmehl Type 550
85 g Weizenvollkornmehl, plus etwas mehr zum Bestäuben
150 g Müsli ohne Zucker
3 EL Magermilchpulver
1½ TL Salz
1½ TL Trockenbackhefe
70 g getrocknete Aprikosen, klein gewürfelt

1 Wasser, Sonnenblumenöl und Honig in die Brotform gießen. Beide Mehlsorten gleichmäßig darauf verteilen und mit Müsli und Magermilchpulver bestreuen. Das Salz in eine Ecke der Brotform geben. Mit dem Finger eine kleine Vertiefung in das Mehl drücken, ohne die Flüssigkeit freizulegen, und die Hefe hineingeben.

2 Den Deckel des Automaten schließen. Das Programm „Teig" wählen und den Backautomaten starten. Wenn der Signalton für die Zugabe weiterer Zutaten ertönt, oder 5 Minuten vor Ende der Knetphase, die Aprikosen zufügen.

3 Wenn das Programm beendet ist, den Brotbackautomaten ausschalten und die Brotform herausnehmen. Ein Backblech leicht mit Öl bestreichen. Den Teig aus der Form nehmen, auf einer leicht bemehlten Arbeitsfläche durchkneten und zu einem runden Laib formen. Den Laib auf das Backblech setzen und ein tiefes Kreuz in die Mitte ritzen. Mit geölter Frischhaltefolie abdecken und an einem warmen Ort 30–40 Minuten gehen lassen.

4 Die Folie entfernen und das Brot im vorgeheizten Backofen 30–35 Minuten bei 200 °C goldbraun backen. Das fertige Brot auf einem Kuchengitter auskühlen lassen.

FEIGEN-ROSMARIN-BROT

ZUTATEN

160 ml handwarmes Wasser
2 Eier, leicht verquirlt
4 EL Olivenöl
500 g Weizenmehl Type 550
2 EL Magermilchpulver
1 EL fein gehackter frischer Rosmarin
1½ TL Salz
2 TL Zucker
1 TL Trockenbackhefe
125 g getrocknete Feigen, grob gehackt

1 Das Wasser in die Brotform gießen. Eier und Olivenöl zugeben.

2 Das Mehl gleichmäßig darauf verteilen und mit Magermilchpulver und Rosmarin bestreuen. Salz und Zucker in jeweils eine Ecke der Brotform geben. Mit dem Finger eine kleine Vertiefung in das Mehl drücken, ohne die Flüssigkeit freizulegen, und die Hefe hineingeben.

3 Den Deckel des Automaten schließen. Das Programm „Normal", mittlere Bräunung, wählen und den Brotbackautomaten starten. Wenn der Signalton für die Zugabe weiterer Zutaten ertönt, oder 5 Minuten vor Ende der Knetphase, die Feigen hinzufügen.

4 Wenn das Programm beendet ist, den Brotbackautomaten ausschalten und die Brotform herausnehmen. Das fertige Brot auf ein Kuchengitter stürzen und vollständig auskühlen lassen.

ORANGEN-BANANEN-BROT

ZUTATEN

4 EL Orangensaft
200 ml handwarme Buttermilch oder Wasser
2 kleine reife Bananen, oder 1 große
3 EL flüssiger Honig
500 g Weizenmehl Type 550, eventuell plus 1–2 EL mehr
1½ EL Magermilchpulver (nach Belieben)
1 TL Salz
40 g weiche oder gewürfelte Butter
1 TL Trockenbackhefe
Milch, zum Bestreichen (nach Belieben)

1 Orangensaft und Buttermilch oder Wasser in die Brotform gießen. Bananen zerdrücken und mit dem Honig zufügen.

2 Das Mehl gleichmäßig darauf verteilen. Nur bei der Verwendung von Wasser das Magermilchpulver zufügen. Salz und Butter in jeweils eine Ecke der Brotform geben. Mit dem Finger eine kleine Vertiefung in das Mehl drücken, ohne die Flüssigkeit freizulegen, und die Hefe hineingeben.

3 Den Deckel des Automaten schließen. Das Programm „Normal", mittlere Bräunung, wählen und den Brotbackautomaten starten. Falls der Teig am Ende der ersten Knetphase zu klebrig ist, zusätzlich 1–2 Esslöffel Mehl zufügen. (Die Konsistenz des Teigs hängt im Wesentlichen von der Größe und dem Reifegrad der Bananen ab.)

4 Vor Beginn der Backphase die Oberfläche des Brots nach Belieben mit Milch bestreichen. Wenn das Programm beendet ist, den Brotbackautomaten ausschalten und die Brotform herausnehmen. Das fertige Brot auf ein Kuchengitter stürzen und vollständig auskühlen lassen.

WALNUSS-APFEL-STREUSEL

ZUTATEN

100 ml handwarme Milch
1 Ei, leicht verquirlt
250 g Weizenmehl Type 550, plus etwas mehr zum Bestäuben
½ TL Salz
3 EL Zucker
25 g Butter, zerlassen
1 TL Trockenbackhefe
Sonnenblumenöl, zum Einfetten

4 säuerliche Äpfel
2 EL Zitronensaft

Streusel
115 g Weizenmehl Type 405
55 g Butter, gewürfelt
55 g Walnüsse, fein gehackt
4 EL Zucker
1 TL Zimt

1 Die Milch in die Brotform gießen und das Ei zugeben. Das Mehl gleichmäßig darauf verteilen. Salz, Zucker und Butter in jeweils eine Ecke der Brotform geben. Mit dem Finger eine kleine Vertiefung in das Mehl drücken, ohne die Flüssigkeit freizulegen, und die Hefe hineingeben.

2 Den Deckel des Automaten schließen. Das Programm „Teig" wählen und den Backautomaten starten. Inzwischen für die Streusel das Mehl in eine Schüssel sieben und die Butter zufügen. Die Zutaten mit den Fingerspitzen zu Krümeln verreiben. Walnüsse, Zucker und Zimt einarbeiten.

3 Wenn das Programm beendet ist, den Brotbackautomaten ausschalten. Eine Springform (26 cm Durchmesser) leicht mit Öl bestreichen. Den Teig aus der Brotform nehmen, auf einer leicht bemehlten Arbeitsfläche kurz durchkneten und kreisrund ausrollen, sodass er in die Springform passt.

4 Die Äpfel schälen, das Kerngehäuse entfernen, in feine Spalten schneiden und mit dem Zitronensaft beträufeln, damit sie sich nicht braun verfärben. Den Teig fächerartig mit den Apfelspalten belegen und die Streusel gleichmäßig darauf verteilen. Den Kuchen mit leicht geölter Frischhaltefolie abdecken und an einem warmen Ort 25–30 Minuten gehen lassen. Die Frischhaltefolie entfernen und im vorgeheizten Backofen etwa 30 Minuten bei 190 °C goldbraun backen. Den fertigen Kuchen 5 Minuten in der Springform abkühlen lassen, dann herauslösen und auf einem Kuchengitter ganz auskühlen lassen.

ZIMT-APRIKOSEN-SCHNECKEN

ZUTATEN

225 ml handwarme Milch
1 Ei, leicht verquirlt
500 g Weizenmehl Type 550, plus etwas mehr zum Bestäuben
½ TL Salz
85 g Zucker
55 g weiche oder gewürfelte Butter
1 TL Trockenbackhefe
Sonnenblumenöl, zum Einfetten

Füllung
25 g Butter, zerlassen
115 g getrocknete Aprikosen, gewürfelt
55 g Sultaninen
2 EL brauner Zucker
1½ TL Zimt

Glasur
4 EL Wasser
4 EL Zucker
1 TL Amaretto

1 Die Milch in die Brotform gießen und das Ei zugeben. Das Mehl gleichmäßig darauf verteilen. Salz, Zucker und Butter in jeweils eine Ecke der Brotform geben. Mit dem Finger eine kleine Vertiefung in das Mehl drücken, ohne die Flüssigkeit freizulegen, und die Hefe hineingeben.

2 Den Deckel des Automaten schließen. Das Programm „Teig" wählen und den Backautomaten starten. Wenn das Programm beendet ist, den Brotbackautomaten ausschalten und die Brotform herausnehmen. Eine quadratische Backform (etwa 24 cm Seitenlänge) leicht mit Öl bestreichen. Den Teig aus der Brotform nehmen, auf einer leicht bemehlten Arbeitsfläche kurz durchkneten und zu einem 30 cm großen Quadrat ausrollen. Für die Füllung den Teig mit der Butter bestreichen und gleichmäßig mit Aprikosen, Sultaninen, Zucker und Zimt bestreuen, dabei an einer Kante einen schmalen Rand lassen.

3 Den Teig in Richtung des frei gelassenen Rands aufrollen und daran gut andrücken, um die Rolle zu verschließen. Die Rolle in 12 Scheiben schneiden. Die Scheiben rosettenförmig in der Backform anordnen, mit leicht geölter Frischhaltefolie abdecken und an einem warmen Ort etwa 45 Minuten gehen lassen. Die Frischhaltefolie entfernen und im vorgeheizten Backofen etwa 20 Minuten bei 200° C goldbraun backen. Fünf Minuten in der Form abkühlen lassen, dann auf ein Kuchengitter heben und vollständig auskühlen lassen.

4 Für die Glasur Wasser und Zucker unter ständigem Rühren aufkochen. 1½–2 Minuten ohne Rühren kochen, bis ein Sirup entsteht. Den Amaretto einrühren und die Zimt-Aprikosen-Schnecken damit bestreichen. Warm oder kalt servieren.

ORANGENBROT

ZUTATEN

150 ml handwarmes Wasser
150 ml handwarme Milch
2 EL Sonnenblumenöl, plus etwas mehr zum Einfetten
450 g Weizenmehl Type 550, plus etwas mehr zum Bestäuben
1½ TL Salz
1½ TL Zucker
1½ TL Trockenbackhefe
7 EL Orangenmarmelade

Garnierung

1 Eigelb
1 EL Milch
1 EL Zucker
1–2 EL gehacktes Orangeat

1 Wasser, Milch und Sonnenblumenöl in die Brotform gießen. Das Mehl gleichmäßig darauf verteilen. Salz und Zucker in jeweils eine Ecke der Brotform geben. Mit dem Finger eine kleine Vertiefung in das Mehl drücken, ohne die Flüssigkeit freizulegen, und die Hefe hineingeben.

2 Den Deckel des Automaten schließen. Das Programm „Teig" wählen und den Backautomaten starten.

3 Wenn das Programm beendet ist, den Brotbackautomaten ausschalten und die Brotform herausnehmen. Den Teig aus der Form nehmen, auf einer leicht bemehlten Arbeitsfläche kurz durchkneten und zu einem 25 cm × 20 cm großen und 2 cm dicken Rechteck ausrollen.

4 Eine Kastenform (25 cm × 10 cm) leicht mit Öl bestreichen. Den Teig gleichmäßig mit der Marmelade bestreichen, dabei auf einer Längsseite einen 1 cm breiten Rand lassen und von der gegenüberliegenden Seite her aufrollen. Den Rand fest andrücken.

5 Den Teig mit der Verschlussseite nach unten in die Kastenform setzen. Mit leicht geölter Frischhaltefolie abdecken und an einem warmen Ort etwa 45 Minuten gehen lassen, bis der Teig so hoch wie die Kastenform aufgegangen ist.

6 Die Folie entfernen. Für die Garnierung Eigelb, Milch und Zucker verrühren und das Brot damit bestreichen. Mit einem Messer 3- bis 4-mal schräg einschneiden und mit dem Orangeat bestreuen. Im vorgeheizten Backofen 25–30 Minuten bei 220 °C goldbraun backen. Das fertige Brot auf einem Kuchengitter auskühlen lassen.

WALNUSSBROT

ZUTATEN

250 ml handwarmes Wasser
5 TL Sonnenblumenöl
1½ TL Walnussöl
1½ TL Basilikum in Öl, abgetropft
350 g Weizenmehl Type 550
2½ EL Magermilchpulver
1½ TL Majoran
1½ TL Thymian
1½ TL Salz
2¼ EL Zucker
1¼ TL Trockenbackhefe
70 g Walnüsse, gehackt, plus etwas mehr zum Garnieren

1 Das Wasser in die Brotform gießen. Sonnenblumen- und Walnussöl und Basilikum zugeben.

2 Das Mehl gleichmäßig darauf verteilen und mit Magermilchpulver und Kräutern bestreuen. Salz und Zucker in jeweils eine Ecke der Brotform geben. Mit dem Finger eine kleine Vertiefung in das Mehl drücken, ohne die Flüssigkeit freizulegen, und die Hefe hineingeben.

3 Den Deckel des Automaten schließen. Das Programm „Normal", mittlere Bräunung, wählen und den Brotbackautomaten starten. Wenn der Signalton für die Zugabe weiterer Zutaten ertönt, oder 5 Minuten vor dem Ende der Knetphase, die gehackten Walnüsse zufügen.

4 Wenn das Programm beendet ist, den Brotbackautomaten ausschalten. Die Brotform herausnehmen, das fertige Brot auf ein Kuchengitter stürzen und vollständig auskühlen lassen. Nach Belieben mit Walnusshälften garnieren.

MALZ-FRÜCHTE-BROT

ZUTATEN

225 ml handwarmes Wasser
2 TL Sonnenblumenöl
2 EL Malzextrakt
1½ EL dunkler Zuckerrübensirup
350 g Weizenmehl Type 405
1 TL Salz
1 TL Trockenbackhefe
140 g Sultaninen

1 Das Wasser in die Brotform gießen und Sonnenblumenöl, Malzextrakt und Zuckerrübensirup zufügen.

2 Das Mehl gleichmäßig darauf verteilen. Das Salz in eine Ecke der Brotform geben. Mit dem Finger eine kleine Vertiefung in das Mehl drücken, ohne die Flüssigkeit freizulegen, und die Hefe hineingeben.

3 Den Deckel des Automaten schließen. Das Programm „Normal", mittlere Bräunung, wählen und den Brotbackautomaten starten. Wenn der Signalton für die Zugabe weiterer Zutaten ertönt, oder 5 Minuten vor Ende der Knetphase, die Sultaninen dazugeben.

4 Wenn das Programm beendet ist, den Brotbackautomaten ausschalten. Die Brotform herausnehmen, das fertige Brot auf ein Kuchengitter stürzen und vollständig auskühlen lassen.

MANDELTASCHEN

ZUTATEN

Plunderteig
5 EL handwarme Milch
2 Eier, davon eines getrennt
225 g Weizenmehl Type 550, plus etwas mehr zum Bestäuben
½ TL Salz
1 EL Zucker
140 g weiche Butter
Sonnenblumenöl, zum Einfetten
1 TL Trockenbackhefe
1 EL Wasser
Mandelblättchen, zum Bestreuen

Füllung
1 EL Butter
85 g Zucker
85 g gemahlene Mandeln
2–3 Tropfen Bittermandelaroma
1 kleines Ei, leicht verquirlt

1 Die Milch in die Brotform gießen und das ganze Ei zugeben. Das Mehl gleichmäßig darauf verteilen. Salz, Zucker und 25 g der Butter in jeweils eine Ecke der Brotform geben. Mit dem Finger eine kleine Vertiefung in das Mehl drücken, ohne die Flüssigkeit freizulegen, und die Hefe hineingeben. Den Deckel des Automaten schließen. Das Programm „Teig" wählen und den Brotbackautomaten starten. Die restliche Butter zu einem 2 cm dicken Rechteck formen.

2 Den fertigen Teig zu einem Rechteck, das doppelt so lang und etwas breiter ist als die Butter, ausrollen. Die Butter auf eine Hälfte des Teigrechtecks legen und die andere überschlagen. Die Ränder zusammendrücken. Den Teig zu einem 2 cm dicken Rechteck ausrollen. Das obere und das untere Teigdrittel übereinander klappen und die Ränder gut zusammendrücken. In Frischhaltefolie eingeschlagen 15 Minuten im Kühlschrank ruhen lassen. Den letzten Schritt zweimal wiederholen und den Teig jeweils 20 Minuten in Folie gewickelt im Kühlschrank ruhen lassen.

3 Für die Füllung Butter und Zucker schaumig rühren. Mandeln, Mandelaroma und Ei einrühren.

4 Das Eiweiß aufschlagen. Den Teig zu einem 40 cm × 30 cm großen Rechteck ausrollen und in 10 cm große Quadrate schneiden. Etwas Füllung in die Mitte der Teigquadrate geben, ringsum mit Eiweiß bestreichen, zuklappen und festdrücken. Aus den Stücken Halbmonde schneiden und diese auf ein geöltes Backblech setzen. Mit Folie abdecken und 30 Minuten gehen lassen.

5 Eigelb und Wasser verquirlen und die Mandeltaschen damit bestreichen. Mit Mandelblättchen bestreuen und im vorgeheizten Backofen 15 Minuten bei 200 °C goldbraun backen. Die fertigen Mandeltaschen auf einem Kuchengitter vollständig auskühlen lassen.

PIZZA UND MEDITERRANE BROTE

Mit einem Brotbackautomaten ist die Zubereitung eines luftig leichten Pizzateigs ein Kinderspiel. In diesem Kapitel finden Sie Rezepte für verschiedene Pizzateige. Ob Sie daraus dünne oder dicke Pizzaböden, kleine oder große Pizzen zubereiten, ist Ihren Vorlieben überlassen. Die Rezepte beinhalten eine Auswahl an verschiedenen Pizzabelägen, selbstverständlich können Sie die Pizzen aber auch nach Ihrem Geschmack belegen. Daneben finden Sie in diesem Kapitel Rezepte für klassische mediterrane Brote wie Focaccia, Ciabatta oder Pissaladière.

PEPERONI-ZWIEBEL-PIZZA

ZUTATEN

Teig
225 ml handwarmes Wasser
15 g Butter, zerlassen
325 g Weizenmehl Type 550, plus etwas mehr zum Bestäuben
1 TL Salz
2 EL Zucker
1 TL Trockenbackhefe
Olivenöl, zum Einfetten

Belag
4 EL Pesto rosso
4 Tomaten, gehäutet und in Scheiben
Salz
2 rote Zwiebeln, fein gehackt
4 Scheiben Prosciutto oder anderer gekochter Schinken, grob zerpflückt
12 Scheiben Peperoniwurst
12 schwarze Oliven
3/4 TL Oregano oder Kräuter der Provence
55 g geriebener Mozzarella
Olivenöl, zum Beträufeln

1 Das Wasser in die Brotform gießen und die flüssige Butter hinzufügen. Das Mehl gleichmäßig darauf verteilen. Salz und Zucker in jeweils eine Ecke der Brotform geben. Mit dem Finger eine kleine Vertiefung in das Mehl drücken, ohne die Flüssigkeit freizulegen, und die Hefe hineingeben.

2 Den Deckel des Automaten schließen. Das Programm „Pizzateig" oder „Teig" wählen und den Brotbackautomaten starten.

3 Wenn das Programm beendet ist, den Brotbackautomaten ausschalten und die Brotform herausnehmen. Zwei Pizza- oder Backbleche leicht mit Öl bestreichen. Den Teig aus der Brotform nehmen, auf einer leicht bemehlten Arbeitsfläche kurz durchkneten. Den Teig in 2 gleich große Portionen teilen, zu 25 cm großen Kreisen ausrollen, in die Pizzableche legen oder auf die Backbleche setzen und einen kleinen Rand formen. Mit leicht geölter Frischhaltefolie abdecken und 15 Minuten gehen lassen.

4 Die Pizzaböden gleichmäßig mit dem Pesto rosso bestreichen und mit den Tomatenscheiben belegen. Mit Salz würzen. Rote Zwiebeln, Prosciutto und Peperoniwurst darauf verteilen. Mit Oliven belegen und mit Oregano oder Kräutern der Provence bestreuen. Die Pizzen mit dem Mozzarella bestreuen und mit Olivenöl beträufeln.

5 Die Pizzen im vorgeheizten Backofen 20–30 Minuten bei 220 °C goldbraun backen. Sofort servieren.

CIABATTA MIT TOMATEN UND BASILIKUM

ZUTATEN

Vorteig
200 ml handwarmes Wasser
175 g Weizenmehl Type 550
½ TL Trockenbackhefe

Teig
200 ml handwarmes Wasser
2 EL Olivenöl, plus etwas mehr zum Einfetten
2 EL Milch
325 g Weizenmehl Type 550, plus etwas mehr zum Bestäuben
1½ TL Salz
½ TL Zucker
¼ TL Trockenbackhefe
40 g getrocknete Tomaten in Öl, grob gehackt, plus etwas mehr zum Garnieren (nach Belieben)
2 EL frisch gehacktes Basilikum

1 Für den Vorteig das Wasser in die Brotform gießen. Das Mehl gleichmäßig darauf verteilen. Mit dem Finger eine kleine Vertiefung in das Mehl drücken, ohne die Flüssigkeit freizulegen, und die Hefe hineingeben.

2 Den Deckel des Automaten schließen. Das Programm „Teig" wählen und den Backautomaten starten. Nach 5 Minuten den Automaten ausschalten und den Vorteig mindestens 12 Stunden oder über Nacht gehen lassen.

3 Für den Teig das Wasser auf den Vorteig gießen. Olivenöl und Milch hinzufügen. Das Mehl gleichmäßig darauf verteilen. Salz und Zucker in jeweils eine Ecke der Brotform geben. Mit dem Finger eine kleine Vertiefung in das Mehl drücken, ohne die Flüssigkeit freizulegen, und die Hefe hineingeben.

4 Den Deckel des Automaten schließen. Das Programm „Teig" wählen und den Backautomaten starten. Wenn der Signalton für die Zugabe weiterer Zutaten ertönt, oder 5 Minuten vor Ende der Knetphase, Tomatenstückchen und Basilikum hinzufügen. Wenn das Programm beendet ist, den Brotbackautomaten ausschalten und die Brotform herausnehmen. Den Teig in eine große Schüssel umfüllen, mit leicht geölter Frischhaltefolie abdecken und an einem warmen Ort 1 Stunde gehen lassen.

5 Den Teig in 2 gleich große Portionen teilen und auf 2 bemehlten Backblechen zu rechteckigen, 2,5 cm dicken Laiben formen. Mit Mehl bestäuben und nicht abgedeckt an einem warmen Ort 30 Minuten gehen lassen.

6 Die Brote eventuell mit Tomatenstückchen garnieren und im vorgeheizten Backofen 25–30 Minuten bei 220 °C goldbraun backen.

SPINAT-RICOTTA-PIZZA MIT PINIENKERNEN

ZUTATEN

Teig
- 300 ml handwarmes Wasser
- 2 EL Olivenöl, plus etwas mehr zum Einfetten
- 225 g Weizenmehl Type 550, plus etwas mehr zum Bestäuben
- 225 g Weizenvollkornmehl
- 1½ TL Salz
- ½ TL Zucker
- 1 TL Trockenbackhefe

Belag
- 350 g Spinat
- 2 EL Olivenöl, plus etwas mehr zum Beträufeln
- 1 Zwiebel, in feine Ringe geschnitten
- 6 EL Ricotta
- ½ TL frisch geriebene Muskatnuss
- 2 EL Pinienkerne
- Salz und Pfeffer
- 115 g Fontina, in dünne Scheiben geschnitten

1 Das Wasser in die Brotform gießen und das Olivenöl zufügen. Beide Mehlsorten gleichmäßig darauf verteilen. Salz und Zucker in jeweils eine Ecke der Brotform geben. Mit dem Finger eine kleine Vertiefung in das Mehl drücken, ohne die Flüssigkeit freizulegen, und die Hefe hineingeben.

2 Den Deckel des Automaten schließen. Das Programm „Pizzateig" oder „Teig" wählen und den Brotbackautomaten starten. Wenn das Programm beendet ist, den Brotbackautomaten ausschalten und die Brotform herausnehmen. Den Teig aus der Brotform nehmen, auf einer leicht bemehlten Arbeitsfläche kurz durchkneten. Den Teig in 2 gleich große Portionen teilen, zu 30 cm großen Kreisen ausrollen, in leicht geölte Pizzableche oder auf 2 Backbleche setzen und einen kleinen Teigrand formen. Mit leicht geölter Frischhaltefolie abdecken und an einem warmen Ort 15 Minuten gehen lassen.

3 Für den Belag den Spinat in kaltem Wasser waschen und gut trocknen. Das Öl in einem Topf erhitzen und die Zwiebel glasig dünsten. Den Spinat zufügen und zusammenfallen lassen. Aus dem Topf in ein Sieb geben und gut abtropfen lassen.

4 Die Pizzaböden gleichmäßig mit dem Ricotta bestreichen und den Spinat darauf verteilen. Mit Muskat und Pinienkernen bestreuen und mit Salz und Pfeffer würzen. Mit den Käsescheiben belegen und mit Olivenöl beträufeln. Im vorgeheizten Backofen 20–30 Minuten bei 220 °C goldbraun backen. Sofort servieren.

OLIVEN-FETA-BROT

ZUTATEN
210 ml handwarmes Wasser
375 g Weizenmehl Type 550, plus etwas mehr zum Bestäuben
1 EL Magermilchpulver
1 TL Salz
1½ TL Zucker
1 TL Trockenbackhefe
55 g schwarze Oliven, entsteint und gehackt
55 g Feta, zerkrümelt
Olivenöl, zum Bestreichen und Einfetten
Kräuter der Provence, zum Bestreuen

1 Das Wasser in die Brotform gießen. Das Mehl gleichmäßig darauf verteilen und mit dem Magermilchpulver bestreuen. Salz und Zucker in jeweils eine Ecke der Brotform geben. Mit dem Finger eine kleine Vertiefung in das Mehl drücken, ohne die Flüssigkeit freizulegen, und die Hefe hineingeben.

2 Den Deckel des Automaten schließen. Das Programm „Teig" wählen und den Backautomaten starten. Wenn der Signalton für die Zugabe weiterer Zutaten ertönt, oder 5 Minuten vor Ende der Knetphase, Oliven und Feta zugeben.

3 Wenn das Programm beendet ist, den Brotbackautomaten ausschalten und die Brotform herausnehmen. Ein rundes Backblech (20 cm Durchmesser) leicht mit Öl bestreichen. Den Teig aus der Brotform nehmen und auf einer leicht bemehlten Arbeitsfläche kurz durchkneten, zu einem Kreis von 20 cm Durchmesser ausrollen und in das Backblech setzen. Mit leicht geölter Frischhaltefolie abdecken und an einem warmen Ort 40–45 Minuten gehen lassen.

4 Die Folie entfernen. Den Teigfladen mit Olivenöl bestreichen und mit Kräutern bestreuen. Im vorgeheizten Backofen 35–40 Minuten bei 200 °C backen, bis das Brot goldbraun ist und sich hohl anhört, wenn man darauf klopft. Auf einem Kuchengitter auskühlen lassen.

FOCACCIA MIT MOZZARELLA UND ROSMARIN

ZUTATEN

210 ml handwarmes Wasser
1 EL Olivenöl, plus etwas mehr zum Einfetten
350 g Weizenmehl Type 550, plus etwas mehr zum Bestäuben
½ TL Salz
1 TL Zucker
1 TL Trockenbackhefe
140 g geriebener Mozzarella

Garnierung

2 EL Olivenöl
frische Rosmarinzweige
grobes Salz

1 Das Wasser in die Brotform gießen und das Olivenöl zufügen. Das Mehl gleichmäßig darauf verteilen. Salz und Zucker in jeweils eine Ecke der Brotform geben. Mit dem Finger eine kleine Vertiefung in das Mehl drücken, ohne die Flüssigkeit freizulegen. Die Hefe zugeben.

2 Den Deckel des Automaten schließen. Das Programm „Pizzateig" oder „Teig" wählen und den Brotbackautomaten starten.

3 Wenn das Programm beendet ist, den Backautomaten ausschalten und die Brotform herausnehmen. Eine runde Backform (24 cm Durchmesser) mit Öl bestreichen. Den Teig aus der Form nehmen und auf einer leicht bemehlten Arbeitsfläche kurz durchkneten, zu einer Kugel formen, leicht flach drücken. Mit dem Mozzarella bestreuen und verkneten. Den Teig zu einem Kreis von 24 cm Durchmesser ausrollen und in die Backform legen. Mit Frischhaltefolie abdecken und 20 Minuten gehen lassen.

4 Die Folie entfernen. Den Teigfladen mehrmals mit dem Finger eindrücken. Mit leicht geölter Frischhaltefolie abdecken und 15 Minuten gehen lassen.

5 Die Frischhaltefolie entfernen. Den Teigfladen mit Olivenöl beträufeln und mit Rosmarin und Salz bestreuen. Im vorgeheizten Backofen 20–25 Minuten bei 200 °C goldbraun backen. Das fertige Brot auf einem Kuchengitter etwas abkühlen lassen und warm servieren.

PIZZA CALZONE

ZUTATEN

Teig
140 ml handwarmes Wasser
2 EL Olivenöl, plus etwas mehr zum Einfetten und Bestreichen
225 g Weizenmehl Type 550
1 TL Salz
½ TL Zucker
1 TL Trockenbackhefe

Füllung
1 rote Zwiebel, in Spalten geschnitten
2 ungeschälte Knoblauchzehen
2 kleine Auberginen, der Länge nach geviertelt
2 Zucchini, der Länge nach halbiert
1 kleine rote Paprika, der Länge nach geviertelt
1 kleine orangefarbene Paprika, der Länge nach geviertelt
4 EL Olivenöl
1 EL Balsamessig
1 EL frisch gehackte Petersilie
Salz und Pfeffer
85 g Ziegenkäse, in Würfel geschnitten

1 Das Wasser in die Brotform gießen und das Olivenöl zufügen. Das Mehl gleichmäßig darauf verteilen. Salz und Zucker in jeweils eine Ecke der Brotform geben. Mit dem Finger eine kleine Vertiefung in das Mehl drücken, ohne die Flüssigkeit freizulegen, und die Hefe hineingeben.

2 Den Deckel des Automaten schließen. Das Programm „Pizzateig" oder „Teig" wählen und den Backautomaten starten.

3 Wenn das Programm beendet ist, den Brotbackautomaten ausschalten und die Brotform herausnehmen. Ein Backblech leicht mit Öl bestreichen. Den Teig aus der Form nehmen, auf einer leicht bemehlten Arbeitsfläche kurz durchkneten, in 2 gleich große Portionen teilen, diese zu 5 mm dicken Kreisen ausrollen und auf das Backblech legen. Mit leicht geölter Frischhaltefolie abdecken und an einem warmen Ort 15 Minuten gehen lassen.

4 Inzwischen für die Füllung Zwiebel, Knoblauchzehen, Auberginen, Zucchini und Paprika in eine Bratform geben. Öl, Essig und Petersilie in einer kleinen Schüssel verrühren und mit Salz und Pfeffer abschmecken. Über das Gemüse gießen und durchmischen. Im vorgeheizten Backofen 15 Minuten bei 200 °C unter gelegentlichem Wenden rösten. Aus dem Backofen nehmen und abkühlen lassen.

5 Knoblauchzehen und Paprika häuten. Die Gemüsemischung gleichmäßig auf jeweils eine Hälfte der Teigkreise geben, dabei einen 1 cm breiten Rand lassen. Den Ziegenkäse über dem Gemüse verteilen. Die Teigränder mit Wasser bestreichen, die andere Teighälfte über das Gemüse klappen und die Ränder zusammendrücken. Die Pizzen mit Olivenöl bestreichen und im vorgeheizten Backofen 20–30 Minuten bei 220 °C goldbraun backen. Sofort servieren.

PISSALADIÈRE

ZUTATEN

100 ml handwarmes Wasser
1 Ei, leicht verquirlt
225 g Weizenmehl Type 550, plus etwas mehr zum Bestäuben
1 TL Salz
25 g weiche oder gewürfelte Butter
1 TL Trockenbackhefe
Olivenöl, zum Einfetten

Belag

3 TL Olivenöl, plus etwas mehr zum Einfetten
500 g rote Zwiebeln, in feine Ringe geschnitten
2 Knoblauchzehen, fein gehackt
2 TL Zucker
1½ EL Balsamessig
Salz und Pfeffer
100 g Sardellenfilets aus dem Glas, abgespült und abgetropft
12 schwarze Oliven
1 TL Majoran

1 Das Wasser in die Brotform gießen und das Ei hinzufügen. Das Mehl gleichmäßig darauf verteilen. Salz und Butter in jeweils eine Ecke der Brotform geben. Mit dem Finger eine kleine Vertiefung in das Mehl drücken, ohne die Flüssigkeit freizulegen, und die Hefe hineingeben.

2 Den Deckel des Automaten schließen. Das Programm „Pizzateig" oder „Teig" wählen und den Backautomaten starten.

3 Inzwischen für den Belag das Öl in einer großen Pfanne erhitzen und Zwiebeln und Knoblauch bei kleiner Hitze unter ständigem Rühren 30 Minuten goldbraun braten. Zucker und Essig zufügen und mit Salz und Pfeffer würzen. Unter ständigem Rühren weitere 5 Minuten garen, dann die Pfanne vom Herd nehmen und abkühlen lassen.

4 Wenn das Programm beendet ist, den Brotbackautomaten ausschalten und die Brotform herausnehmen. Ein Backblech leicht mit Öl bestreichen. Den Teig aus der Form nehmen und auf einer leicht bemehlten Arbeitsfläche kurz durchkneten. Den Teig zu einem etwa 30 cm × 23 cm großen Rechteck ausrollen und auf das Backblech legen.

5 Die Zwiebelmischung gleichmäßig auf dem Teig verteilen. Die Sardellenfilets im Gittermuster darauf arrangieren und die Oliven in die Zwischenräume legen. Mit Majoran bestreuen. Mit leicht geölter Frischhaltefolie abdecken und an einem warmen Ort 10–15 Minuten gehen lassen.

6 Die Frischhaltefolie entfernen und im vorgeheizten Backofen 25–30 Minuten bei 200 °C goldbraun backen. Die fertige Pissaladière heiß oder warm servieren.

SÜSSES GEBÄCK

Mit einem Brotbackautomaten lassen sich diese köstlichen Spezialitäten ganz einfach zubereiten, und ob fürs Frühstück, zwischendurch oder zum Nachmittagstee – sie schmecken mindestens so gut wie vom Bäcker! In diesem Kapitel finden Sie Rezepte, die sich vollständig im Brotbackautomaten zubereiten lassen, wie das Honig-Nuss-Brot, oder bei denen der Teig nach dem Kneten und Aufgehen in Backformen gegeben oder von Hand geformt und im Ofen gebacken wird, wie die Mokka-Brioche mit Rosinen, das Safran-Honig-Brot oder die Pains au Chocolat.

ENGLISCHE MUFFINS

ZUTATEN

350 ml handwarme Milch
450 g Weizenmehl Type 550 oder
225 g Weizenmehl Type 550 und
225 g Weizenvollkornmehl, plus
etwas mehr zum Bestäuben
1½ TL Salz
1 TL Zucker
15 g weiche oder gewürfelte Butter
1½ TL Trockenbackhefe
gemahlener Reis oder Reismehl, zum
Bestäuben
Sonnenblumenöl, zum Einfetten

1 Die Milch in die Brotform gießen. Das Mehl gleichmäßig darauf verteilen. Salz, Zucker und Butter in jeweils eine Ecke der Brotform geben. Eine kleine Vertiefung in das Mehl drücken, ohne die Flüssigkeit freizulegen, und die Hefe hineingeben.

2 Den Deckel des Automaten schließen. Das Programm „Teig" wählen und den Brotbackautomaten starten.

3 Wenn das Programm beendet ist, den Brotbackautomaten ausschalten und die Brotform herausnehmen. Den Teig aus der Form nehmen, auf einer leicht bemehlten Arbeitsfläche kurz durchkneten und 1 cm dick ausrollen. Mit einer runden Ausstechform (7,5 cm Durchmesser) Kreise ausstechen. Die Teigreste verkneten, 3–4 Minuten ruhen lassen, ausrollen und weitere 1–2 Kreise ausstechen.

4 Ein Backblech mit gemahlenem Reis oder Reismehl bestäuben, die Teigkreise darauf setzen und mit gemahlenem Reis oder Reismehl bestäuben. Mit geölter Frischhaltefolie abdecken und an einem warmen Platz 20–25 Minuten gehen lassen.

5 Die Frischhaltefolie entfernen. Eine Grillpfanne oder schwere Bratpfanne mit Öl bestreichen und erhitzen. Die Muffins portionsweise bei kleiner Hitze 6–7 Minuten von beiden Seiten garen. Warm servieren.

HONIG-NUSS-BROT

ZUTATEN

- 125 ml handwarme Milch
- 175 ml Mandarinen- oder Orangenjoghurt, zimmerwarm
- 3 EL flüssiger Honig
- 500 g Weizenmehl Type 550
- $\frac{3}{4}$ TL Salz
- 40 g weiche oder gewürfelte Butter
- $1\frac{1}{2}$ TL Trockenbackhefe
- 40 g Pekannüsse, gehackt
- 1 EL abgeriebene Orangenschale (nach Belieben)

1 Die Milch in die Brotform gießen. Joghurt und Honig zufügen.

2 Das Mehl gleichmäßig darauf verteilen. Salz und Butter in jeweils eine Ecke der Brotform geben. Mit dem Finger eine kleine Vertiefung in das Mehl drücken, ohne die Flüssigkeit freizulegen, und die Hefe hineingeben.

3 Den Deckel des Automaten schließen. Das Programm „Normal", mittlere Bräunung, wählen und den Brotbackautomaten starten. Wenn der Signalton für die Zugabe weiterer Zutaten ertönt, oder 5 Minuten vor Ende der Knetphase, Pekannüsse und eventuell Orangenschale zufügen.

4 Wenn das Programm beendet ist, den Brotbackautomaten ausschalten und die Brotform herausnehmen. Das fertige Brot auf ein Kuchengitter stürzen und vollständig auskühlen lassen.

GEFÜLLTE BRÖTCHEN

ZUTATEN

150 ml handwarme Milch
225 g Weizenmehl Type 550, plus etwas mehr zum Bestäuben
½ TL Salz
2 EL Zucker
1 TL Trockenbackhefe
Sonnenblumenöl, zum Einfetten
Puderzucker, zum Bestäuben

Füllung

Erdbeerkonfitüre
Schlagsahne, sehr steif geschlagen

1 Die Milch in die Brotform gießen. Das Mehl gleichmäßig darauf verteilen. Salz und Zucker in jeweils eine Ecke der Brotform geben. Mit dem Finger eine kleine Vertiefung in das Mehl drücken, ohne die Flüssigkeit freizulegen, und die Hefe hineingeben.

2 Den Deckel des Automaten schließen. Das Programm „Teig" wählen und den Brotbackautomaten starten.

3 Wenn das Programm beendet ist, den Brotbackautomaten ausschalten und die Brotform herausnehmen. Zwei Backbleche leicht mit Öl bestreichen. Den Teig aus der Form nehmen und auf einer leicht bemehlten Arbeitsfläche kurz durchkneten.

4 Den Teig in 8 gleich große Portionen teilen und zwischen den Handflächen zu Kugeln formen. Die Teigkugeln auf die Backbleche setzen und etwas flach drücken. Mit leicht geölter Frischhaltefolie abdecken und an einem warmen Ort etwa 45 Minuten gehen lassen.

5 Die Frischhaltefolie entfernen und im vorgeheizten Backofen etwa 15 Minuten bei 220 °C goldbraun backen. Die fertigen Brötchen auf einem Kuchengitter vollständig auskühlen lassen.

6 Die Brötchen aufschneiden und mit Erdbeerkonfitüre und Schlagsahne füllen. Mit Puderzucker bestäuben und servieren.

MOKKA-BRIOCHE MIT ROSINEN

ZUTATEN

5 EL starker schwarzer Kaffee
2 EL Weinbrand
1 Zimtstange
115 g Rosinen
2 EL handwarme Milch
3 Eier
500 g Weizenmehl Type 550
½ TL Salz
85 g Zucker
2 TL Trockenbackhefe
85 g Butter, zerlassen, plus etwas mehr zum Einfetten
2 Eiweiß
Sonnenblumenöl, zum Einfetten
Puderzucker, zum Bestäuben

1 Kaffee, Weinbrand und Zimtstange in einem kleinen Topf bis kurz unter den Siedepunkt erhitzen. Vom Herd nehmen und die Rosinen zugeben. 30 Minuten ziehen lassen, bis die Rosinen aufgequollen sind und alles handwarm ist.

2 Die Zimtstange entfernen und die Rosinen beiseite stellen. Die Kaffeemischung mit der Milch in die Brotform gießen. Die Eier zu der Flüssigkeit geben. Das Mehl gleichmäßig darauf verteilen. Salz und Zucker in jeweils eine Ecke der Brotform geben. Mit dem Finger eine kleine Vertiefung in das Mehl drücken, ohne die Flüssigkeit freizulegen, und die Hefe hineingeben.

3 Den Deckel des Automaten schließen. Das Programm „Teig" wählen und den Brotbackautomaten starten. Nach 5 Minuten ein Drittel der Butter dazugeben. Den Deckel wieder schließen. Nach 10 Minuten die Hälfte der restlichen Butter dazugeben und nach 15 Minuten den Rest.

4 Wenn das Programm beendet ist, den Brotbackautomaten ausschalten und die Brotform herausnehmen. Den Teig aus der Form in eine große Rührschüssel umfüllen und die Rosinen einarbeiten. Eine große Briocheform mit Butter einfetten. Das Eiweiß in einer sauberen Schüssel steif schlagen und nach und nach unter den Teig heben. Den Teig in die Briocheform füllen, mit leicht geölter Frischhaltefolie abdecken und an einem warmen Ort 75–90 Minuten gehen lassen.

5 Die Frischhaltefolie entfernen und im vorgeheizten Backofen 55–60 Minuten bei 190 °C goldbraun backen. Die Brioche ist fertig gebacken, wenn ein in die Teigmitte gestochenes Holzstäbchen sauber wieder herauskommt. Die Brioche auf ein Kuchengitter stürzen und vollständig auskühlen lassen. Vor dem Servieren mit Puderzucker bestäuben.

SAFRAN-HONIG-BROT

ZUTATEN

200 ml Milch
1 TL Safranfäden
2 Eier, leicht verquirlt
500 g Weizenmehl Type 550, plus etwas mehr zum Bestäuben
½ TL Salz
4 EL Zucker
55 g Butter, zerlassen
1 TL Trockenbackhefe
Sonnenblumenöl, zum Einfetten
1–2 EL flüssiger Honig, zum Glasieren

1 Fünf Esslöffel der Milch erhitzen. Die Safranfäden in eine kleine Schale geben und mit der Milch übergießen. 30 Minuten ziehen lassen.

2 Safranmilch und restliche Milch in die Brotform gießen. Die Eier hinzufügen. Das Mehl gleichmäßig darauf verteilen. Salz, Zucker und Butter in jeweils eine Ecke der Brotform geben. Mit dem Finger eine kleine Vertiefung in das Mehl drücken, ohne die Flüssigkeit freizulegen, und die Hefe hineingeben.

3 Den Deckel des Automaten schließen. Das Programm „Teig" wählen und den Brotbackautomaten starten.

4 Wenn das Programm beendet ist, den Brotbackautomaten ausschalten und die Brotform herausnehmen. Ein Backblech leicht mit Öl bestreichen. Den Teig aus der Form nehmen und auf einer leicht bemehlten Arbeitsfläche kurz durchkneten. Den Teig in 2 gleich große Portionen teilen und zu etwa 45 cm langen Strängen rollen. Die Stränge nebeneinander legen und von der Mitte ausgehend bis zu den beiden Enden umeinander wickeln. Die Enden mit Wasser bestreichen, zusammendrücken und umschlagen.

5 Das Brot auf das Backblech legen, mit leicht geölter Frischhaltefolie abdecken und an einem warmen Ort etwa 1 Stunde gehen lassen.

6 Den Honig erhitzen, bis er dünnflüssig ist. Die Frischhaltefolie entfernen und das Brot mit dem Honig bestreichen. Im vorgeheizten Backofen 20 Minuten bei 190 °C backen. Die Ofentemperatur auf 180 °C reduzieren und weitere 10–15 Minuten goldbraun backen. Das fertige Brot auf einem Kuchengitter vollständig auskühlen lassen.

GEWÜRZ-FRÜCHTEBROT

ZUTATEN
350 g Weizenmehl Type 405
1½ TL Backpulver
¼ TL Salz
1 TL Zimt
½ TL Lebkuchengewürz
½ TL frisch geriebene Muskatnuss
½ TL gemahlener Ingwer
55 g Butter
4 EL dunkler Zuckerrübensirup
3 Eier, leicht verquirlt
50 ml Milch
25 g Rosinen
55 g getrocknete Apfelringe, in Stückchen geschnitten

1 Mehl, Backpulver, Salz und Gewürze in eine Schüssel sieben.

2 Butter und Zuckerrübensirup in einem Topf bei kleiner Hitze unter ständigem Rühren zerlassen. Etwas abkühlen lassen. Eier, Milch, Rosinen und Apfelstückchen unterrühren. Zur Mehlmischung geben und so lange rühren, bis ein glatter Teig entstanden ist.

3 Die Brotform aus dem Brotbackautomaten nehmen und den Teig einfüllen. Die Form wieder einsetzen und den Deckel des Automaten schließen. Das Programm „Kuchen" wählen und den Brotbackautomaten starten.

4 Wenn das Programm beendet ist, den Brotbackautomaten ausschalten und die Brotform herausnehmen. Das fertige Brot auf ein Kuchengitter stürzen und vollständig auskühlen lassen.

PAINS AU CHOCOLAT

ZUTATEN

125 ml handwarmes Wasser
250 g Weizenmehl Type 550
2 EL Magermilchpulver
½ TL Salz
1 EL Zucker
140 g weiche Butter, plus etwas mehr zum Einfetten
1½ TL Trockenbackhefe
225 g Zartbitterschokolade, in Stückchen gebrochen
Sonnenblumenöl, zum Einfetten

Glasur
1 Eigelb
1 TL Milch

1 Das Wasser in die Brotform gießen. Das Mehl gleichmäßig darauf verteilen und mit dem Milchpulver bestreuen. Salz, Zucker und 25 g der Butter in jeweils eine Ecke der Brotform geben. Mit dem Finger eine kleine Vertiefung in das Mehl drücken, ohne die Flüssigkeit freizulegen, und die Hefe hineingeben. Den Deckel des Automaten schließen. Das Programm „Teig" wählen und den Brotbackautomaten starten. Die restliche Butter zu einem etwa 2 cm dicken Rechteck formen.

2 Den Teig aus der Brotform nehmen, durchkneten, zu einer Kugel formen und in der Mitte bis auf halbe Höhe kreuzförmig einschneiden. Die so entstandenen Ecken nach außen ausrollen. Die Butter in die Mitte des Rechtecks legen und die Ecken überschlagen. Den Teig erneut zu einem langen Rechteck ausrollen. Das obere und das untere Drittel übereinander schlagen und die Ränder zusammendrücken. In Frischhaltefolie eingewickelt 20 Minuten im Kühlschrank ruhen lassen. Den Vorgang zweimal wiederholen, dabei immer von der linken Kante her ausrollen und 30 Minuten kühl stellen.

3 Den Teig zu einem 54 cm × 30 cm großen Rechteck ausrollen. Der Länge und Breite nach jeweils dritteln, sodass 9 Rechtecke entstehen. Einige Schokoladenstücke auf den Rand einer Schmalseite der Teigstücke legen. Eigelb und Milch verquirlen und die Teigränder damit bestreichen. Den Teig um die Schokoladenstücke aufrollen und die Kanten verschließen. Die Pains au Chocolat mit der Verschlussseite nach unten auf ein Backblech setzen. Mit Frischhaltefolie abdecken und 30 Minuten gehen lassen. Die Folie entfernen und die Pains au Chocolat mit der restlichen Glasur bestreichen. Im vorgeheizten Backofen 15 Minuten bei 200 °C goldgelb backen. Auf einem Kuchengitter etwas abkühlen lassen und warm servieren.

REGISTER

Alkohol
- Mokka-Brioche mit Rosinen 88
- Zimt-Aprikosen-Schnecken 54

Apfel
- Gewürz-Früchte-Brot 92
- Walnuss-Apfel-Streusel 52

Aprikosen
- Aprikosen-Müsli-Brot 46
- Zimt-Aprikosen-Schnecken 54

Baguettes 18
Brioche 26
Brötchen, gefüllte 86

Ciabatta mit Tomaten und Basilikum 68

Englische Muffins 82
Erntebrot 12

Feigen-Rosmarin-Brot 48
Focaccia mit Mozzarella und Rosmarin 74

Gefüllte Brötchen 86
Gewürz-Früchte-Brot 92

Hafer-Kartoffel-Brot 30
Hefezopf mit Mohn 24
Herzhaftes Roggenbrot 32
Honig
- Honig-Nuss-Brot 84
- Safran-Honig-Brot 90
- Würzige Naan-Brote 40

Joghurt
- Honig-Nuss-Brot 84
- Vollkornbrot mit Joghurt 34
- Würzige Naan-Brote 40

Kartoffel-Brot, Hafer- 30
Käse
- Focaccia mit Mozzarella und Rosmarin 74
- Oliven-Feta-Brot 72
- Peperoni-Zwiebel-Pizza 66
- Pizza Calzone 76
- Spinat-Ricotta-Pizza mit Pinienkernen 70
- Vier-Käse-Brot 38

Knabberstangen mit Sesam 20
Knoblauch
- Pissaladière 78
- Pizza Calzone 76
- Würzige Naan-Brote 40

Kräuter
- Ciabatta mit Tomaten und Basilikum 68
- Feigen-Rosmarin-Brot 48
- Focaccia mit Mozzarella und Rosmarin 74
- Kräuterbrot 36
- Oliven-Feta-Brot 72
- Peperoni-Zwiebel-Pizza 66
- Pissaladière 78
- Pizza Calzone 76
- Vier-Käse-Brot 38
- Würzige Naan-Brote 40

Krustenweißbrot 8

Maisbrot 14
Malz-Früchte-Brot 60
Mandeltaschen 62
Milchbrot 10
Milchbrötchen 16
Mokka-Brioche mit Rosinen 88
Muffins, Englische 82

Naan-Brote, Würzige 40
Nuss
- Honig-Nuss-Brot 84
- Walnuss-Apfel-Streusel 52
- Walnussbrot 58
- Spinat-Ricotta-Pizza mit Pinienkernen 70

Olive
- Oliven-Feta-Brot 72
- Peperoni-Zwiebel-Pizza 66
- Pissaladière 78

Orangen-Bananen-Brot 50
Orangenbrot 56
Pains au Chocolat 94
Peperoni-Zwiebel-Pizza 66
Pissaladière 78
Pita-Brote 22
Pizza
- Pizza Calzone 76
- Spinat-Ricotta-Pizza mit Pinienkernen 70

Roggenbrot, Herzhaftes 32
Rosinen
- Gewürz-Früchte-Brot 92
- Malz-Früchte-Brot 60
- Mokka-Brioche mit Rosinen 88
- Zimt-Aprikosen-Schnecken 54

Saatenbrot 42
Safran-Honig-Brot 90
Spinat-Ricotta-Pizza mit Pinienkernen 70

Tomate
- Ciabatta mit Tomaten und Basilikum 68
- Peperoni-Zwiebel-Pizza 66

Vier-Käse-Brot 38
Vollkornmehl
- Herzhaftes Roggenbrot 32
- Vollkornbrot mit Joghurt 34

Walnuss-Apfel-Streusel 52
Walnussbrot 58
Würzige Naan-Brote 40

Zimt
- Mokka-Brioche mit Rosinen 88
- Zimt-Aprikosen-Schnecken 54

Zwiebel
- Peperoni-Zwiebel-Pizza 66
- Pizza Calzone 76
- Spinat-Ricotta-Pizza 70
- Pissaladière 78